AF319881

A. WILLETTE

Œuvres Choisies

SOUS LA HAUTE DIRECTION

DU R. P. LAVIGNE et de FEU GÈRE

RECTEURS D'ACADÉMIES

H. SIMONIS EMPIS, ÉDITEUR

ŒUVRES CHOISIES

ADOLPHE WILLETTE

ŒUVRES CHOISIES

CONTENANT 100 DESSINS

choisis dans le COURRIER FRANÇAIS de 1884 à 1901

PRÉFACE ILLUSTRÉE DE L'AUTEUR

Tout exemplaire est numéroté au verso du faux-titre.

PARIS

H. SIMONIS EMPIS, ÉDITEUR

21, RUE DES PETITS-CHAMPS, 21

1901

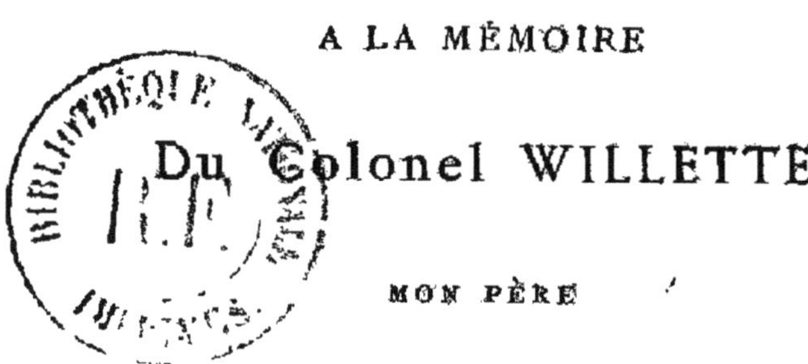

A LA MÉMOIRE

Du Colonel WILLETTE

MON PÈRE

A. W.

PRÉFACE

Lege quaeso

Devoir de vacances.

C'est moi, oui, Madame, oui, Msieu, qui ai demandé à mon ami, Mᵣ Simonis Empis, la faveur de faire la préface de mon album.

Non pas, dans l'intention, croyez le bien, de faire de l'épate en faisant moi-même mon apologie ou la critique de ce recueil, mais simplement pour confesser, tout comme à l'armée (Vive l'armée!) du Salut, l'origine de l'un des mes défauts. Oh! rassurez-vous, je tairai les autres. Qu'il me suf-fise de dire qu'ils doivent être bien grands puisqu'ils m'ont interdit, à tout jamais, l'accès du Grand Monde, de l'Institut et .... de l'Angleterre !

D'ailleurs on ne peut guère dissimuler ce défaut, incurable infirmité : je suis timide... oui, Madame ! Et si tel- lement, que je me prive de théâtre par peur d'affronter le tribunal où siègent de sévères contrôleurs... ... Eaque, Radamante et Bérenger !

Si tellement timide que l'approche d'un imbécile me glace, me paralyse ! Un imbécile n'est-il pas le plus souvent un citoyen considérable, comme qui dirait un nouveau ou ancien minis- tre ? C'est, en tout cas, un être pri- vilégié : il a le don de commander, d'empoigner et de juger. Pour bien des femmes c'est un mâle, le seigneur et maître, et, pour MM les contrôleurs de théâtre, il est certainement du tout Paris ! Il est trop snob, trop smart pour moi, son huit reflets et sa mufflerie m'éblouissent !

Et d'où me vient cette timidité ?

L'autre jour, en rangeant mes déguisements, je retrouvais ma tunique de collégien ! Tous les boutons y sont encore et portent, entourée de lauriers, cette inscription "Lycée de Dijon »

Elle est ouatée seulement sur le devant et se portait hiver comme en été ; l'hiver sans manteau. Par derrière pendent encore deux poches, grandes besaces, où j'enfouissais le pain quotidien* et, sur la doublure du dos, est imprimé, en bleu, 90 numéro matricule du petit galérien.

Je l'ai remise encore deux fois après ma libération : une fois pour accompagner, aux "Italiens,, où l'habit noir était de rigueur, deux dames étrangères qui ont bien voulu croire que c'était l'uniforme des aspirants à l'Institut !

*La nourriture était excellente souvent même délicieuse.

La seconde fois je l'endossai pour
aller travailler dans un panorama
"Le tour du Lac„ sous l'habile direction
du peintre Pichat. Comme mes cama
-rades, j'y continuai la tradition
des gaietés de l'Escadron Cabanel,
ce qui m'attira, de la part de la
Direction, cette menace très-méritée:
« Puisque vous vous conduisez en
« collégien, vous serez traité en collégien
« et vous serez payé en gros sous ! »
. . . .
    Le lendemain, malgré la gravité de
mes vingt trois ans, je descendis
de la Butte en potache et fis une
remarquable apparition sur les
échafaudages du Panorama.
    Comme j'étais chargé de portraicturer
toutes les célébrités de la haute cocoterie
d'alors et d'avant, j'eus un grand
succès auprès de ces dames, mais
un banquier, actionnaire de l'entreprise,

ayant reproché à Pichot d'employer
des collégiens par économie, on me
renvoya à ma nourrice "La Vache enragée!"

Aujourd'hui, trop gros, pour endosser
cette défroque puérile, je la porte pourtant
moralement: c'est ma tunique de Nessus!

Au Bahut courait, de mon temps,
la triste légende du collégien oublié par
sa famille et qui s'était tué dans une
partie de "Coq perché!" à l'âge de 70 ans!

Eh bien! j'ai le cauchemar d'être ce
collégien et il me semble que la Mort
sera pour moi le "Denique tandem"
des vacances!

Il y a longtemps que j'attendais
l'occasion de dire ce gros chagrin de
ma vie, rien que celui là: une enfance
gâtée et l'avenir de l'homme compromis
par le manque de soins et d'exercice,
le renoncement à la révolte justifiée et
indice certain du goût à la dignité et
enfin par l'ignorance absolue du
Monde où on vous jetait sans défense

avec une ou deux peaux d'âne
comme ceinture de sauvetage!

Je tiens à ~~vous~~ donner une idée
de ce beau système d'éducation d'abord
dans l'espoir, bien incertain, que deux
misérables[M] et un fou puissent, en me lisant,
avoir quelques remords et dans l'espoir
aussi que la partie violente de mon œuvre
sera mieux comprise.

Au bout de huit ans, ces gardes
- chiourme, au lieu d'un bachelier, ont
fait de moi un timide qui ne saurait
commander à un domestique de lui
cirer ses chaussures et un insurgé
assez audacieux pour s'attaquer aux
puissants!

Ici, je remercie publiquement
le vaillant directeur du "Courrier Français,"
mon ami Jules Roques de m'avoir
laissé exprimer mes indignations,
mes colères, même ne les partageant pas

L'un, que nous appelions "Brochet", fils de proviseur,
était pion par goût, était très riche!!!
L'autre est médecin à Lyon! médecin des prisons
probablement. Le troisième?.......

toujours, parce qu'il en savait l'honnêteté.

C'est encore pour moi (vous permettez, j'ai si rarement l'occasion d'écrire) un moyen d'exprimer à tous mes bons et chers camarades du lycée, à mon frère aîné, maintenant médecin et père de famille, ma reconnaissance pour leur fraternelle affection et mon admiration pour leur solidarité et leur stoïque gaieté qui m'ont sauvé des dangers de la fuite quelquefois méditée.

Le temps leur a bien duré aussi, mais c'était des gas robustes et une fois retournés à leurs dieux lares, ils ont tout oublié dans les vignes du Seigneur et de la brave Côte d'Or.

Tambour : ramplamplam !... nuit, prières à chaque mouvement, douze heures d'études et de classes pour une heure trois quarts de récréations !

Surveillance tracassière, tournant à la brimade, punitions aussi nombreuses que variées et allant jusqu'au supplice :

ainsi la veille jusqu'à 1ʰ du matin
au pied de son lit; cachot; privation
d'exercice ou de sortie pendant plus
de six mois de l'année et... jamais de
bain!

Pour la classe des livres sales,
tristes, parce que sans images, et que
nous rongions, par ennui, comme des
rats; toujours le même rabâchage*,
pas de littérature ou de poésie contemporaine,
cela s'arrêtait au siècle de Louis XIV!

La possession d'une fleur était un
délit! Et pour tous ces enfants de
dix à dix-neuf ans le silence, le
silence des prisons, partout le silence
même aux réfectoires! De là les conversa
-tions mimées entre élèves à l'aide
d'un alphabet pieusement transmis
de génération en génération.

Quand au Père Lachaise je regar
-de, sur une tombe juive, l'admirable
silence du sculpteur Perraud: la

---

* Exception faite pour la classe
de Rhétorique dirigée par Mⁿ Herbault d'affectueuse
mémoire.

femme aux yeux clos, les deux doigts allongés sur la bouche... cette figure désespérante est pour moi le symbole navrant de ce passé exécrable et exécré.

Et pourtant c'est au Lycée que j'ai fait mes premiers débuts dans "le jour-nalisme illustré"! Un de mes meilleurs camarades qui, devenu prêtre, a célébré mon mariage, il y a bientôt deux ans, eut l'idée de faire un journal "L'Écho des Bahutins" journal de six pages avec textes et gravures! C'était aussi une fleur du pavé, cette petite Picciola! Et ce n'est pas sans attendrissement que je parcours les numéros que j'ai pu sauver de quelques naufrages.

A la vérité j'aurais bien voulu avoir le talent d'un Jules Vallès (on en a fusillé treize pendant la semaine sanglante) pour mieux raconter mes premières peines dans la vie,

la fatalité de cette éducation digne de Biribi
qui me poursuit encore : — " Vois, petit
Pierre, regarde ce qui t'attendait dans
la vie ! " Aussi quand j'ai combattu
de mon mieux pour la Liberté, il m'est
bien permis, n'est-ce pas, de trousser
un peu Mimi Pinson et de boire un verre
de bon vin de France à la santé des
mauvais estomacs ! *

A. Willette

Mon cher Renod
Je te ferai oublier
E. Willette

* Pour les chieurs d'encre payés par les
Anglais qui m'ont reproché de n'avoir pas
combattu en 1870 — j'avais douze ans et demi.

— J'ai chanté tout l'été pour les amoureux ; la bise est venue... Je chante à présent pour les opprimés et les vaincus !

— La fleur a des racines, jeune fille, l'honneur n'en a pas.

— Non, Prince, vous vous êtes trompé : le laurier ne vient pas dans le sang et les larmes.

Il reviendra toujours le temps des cerises.

L'ŒUF DE PAQUES

A MONTMARTRE

— La rue Navarin... aux pommes ?... Tout droit, mon p'tit père, tu
tournes à gauche, et puis tu y es !...

A MONTMARTRE

— ... T'as pas trouvé la rue Navarin ?... Alors, monte là-dessus, et tu verras Montmartre !

C'est la reine d'Angleterre
Ter ter ter ter terre
Qui perdit son bagage
Avec Abd-el-Kader
Der der der der derre.

— ... Ta gueule, eh sale outil!

— Quand on est saoul... on n'est plus embêté... on embête les autres... Laï... tou !

LE TROTTIN AU SQUARE

— M'sieu !... permett'e d'arranger ma jarretière ?

— Aïe !... mon corset, aïe ! permett'e... pas, m'sieu ?

— Dans le bassin de l'Empereur !
— Ben quoi, l'ancien ? on fait sa Léda !

— Ah ! tu m' fais concurrence !

VALMY

JEAN-MARIE. — Eh ! là ! quel est ce pesson ?...

JEAN-FRANÇOIS. — C'est encore une saloperie de Parisienne qui sera restée à la mé !

— Du brouillard !... Tant mieux ! Je ne verrai pas le bonheur des autres.

MANŒUVRES DE FORTERESSE

La surprise déjouée ou le Capital sauvé par les oies.

Jeune miss attaquée par de jeunes satyres.

Je suis la Sainte Démocratie : j'attends mes amants.

— Vous l'avez vu, grand'mère ! Vous l'avez vu ?
LA GRAND'MÈRE. — Qui donc, mon enfant ?

T. L. P. S. V. P.

— Mon ... !

— Chut... Entendez-vous le tambour?

— N'entre pas, malheureuse!... On va te prendre les nichons!

La Gifle.

— A ta santé, Marianne ! Les rorts sont avec toi.

La femme de feu que je préfère
C'est la cuis, la cuisinière !

(*Air connu.*)

A L'OCCASION DU JUBILÉ DE LA REINE

(19 Juin 1887.)

L'IRLANDE. — J'aurais voulu offrir une pomme de terre
A la Reine d'Angleterre !
Mais je ne trouve que du plomb...
God save the Queen.

— Ça coûte donc bien cher un pantalon, ô ma sœur?

— Parfait !... mais 80 francs un pantalon !... Je vais être grondé à la Ligue.

DÉSARMEMENT

Désarmée la France sera encore la plus belle.

— Et sois sage, ou je vais chercher le vieux.

Mars dompté et fouetté par Vénus.

— Non, jamais on n'empêchera un vrai ministre français de barboter les fonds secrets.

— Comme ordonnance : Suppression de viandes saignantes, de gibier,
du bon vin, repos absolu, éviter les veilles joyeuses, etc., etc. (Ce qu'il
me faudrait à moi et aux miens.)

LA DEMI-VIERGE.

— Eh bén !... V'là qu'on m'prend jusqu'à mon eau-de-vie ! et que vais-je /boire, à c't'heure ?... ma sueur ?... mes larmes ?... ton sang ?... bourgeois !... Ah ! gare la casse, si je dessaoûle !

— Tu sais, mon bébé, tu peux garder ta perruque...

— Une Parisienne!... C'est le choléra!

HIVER

Le Sergot. — Méfiez-vous, mon enfant, vous allez attraper des engelures.

— Veux-tu bien te chauver, vilaine châle !
NINETTE. — Ah ! pitié, père Fouchtra, j'ai si mal aux dents !

MARQUIS TALONS ROUGES.

LA VEUVE DE PIERROT.

(Esquisse du Tableau.)

BRAVO!

(*21 Février 1887.*)

L'Angleterre dévorée par les rats.

— Non, señor, l'épée n'est pas faite pour les bouchers !

Ouf!

VENDANGES

— C'est rien dur à tuer, un amour! mais on y arrive avec une bonne bouteille!

— Dieu !... que vous avez les mains froides !

— Bravo !... ça pousse !... t'auras la médaille.

— Y a pas que les chiens qui foutent la rage !

Le loup au xviiie siècle et au xxe siècle.

DOUX PEUPLE

Les journaux publient une dépêche de New-York annonçant que l'Assemblée législative de l'Etat de Virginie a voté une loi permettant d'appliquer les châtiments corporels en public.

La première personne à qui cette loi a été appliquée, est une jeune fille de dix-huit ans, qui a été fouettée sur la place publique de Manassas, parce qu'elle avait des relations immorales avec un clergyman.

Mimi Pinson est patriote, elle a décoré sa fenêtre.

VENDREDI SAINT

M. BÉRENGER. — Si j'avais été de ces temps... il n'y aurait pas eu de scandale au pied de la Croix !

La Vieille Garde. — Amour, viens donc, je t'emmène à la campagne.
L'Autre lui répond : — Vas-y, vas-y, moi je reste à Paris.

— Tu gueules bien fort, ô Joseph Prudhomme, pour faire oublier que ton grand-père a assassiné une reine, Marie-Antoinette!

A L'IRLANDE

— C'est d'un coup de sabot que périra la grande Angleterre.

SOUVENIR DE LA TOUSSAINT

En revenant de Saint-Ouen
La belle digue di
La belle digue don !...

LE CONTRIBUABLE. — Que pourrait-elle encore m'imposer, cette bourrique ?
(N. B. Le Contribuable a des callosités aux genoux.)

LE CONTRIBUABLE. — Que pourrait-elle encore m'imposer, cette bourrique ?
(N. B. Le Contribuable a des callosités aux genoux.)

— Hou... Hou... la vilaine, elle est portée pour hommes !

« C'est pis qu'un trembl'ment de tarre...
Le printemps, çà met tout le monde à l'envers ! »

— C'est p'têtr' ben à cause de ton air un peu rosse qu'on n'ose pas te détacher?

... Elle est trop vieille pour être violée, elle va garder la Chambre!

Ne sautez pas !!!... les pompiers vont arriver... dans trente-cinq minutes !!!

— Pas de cervelle, pas de gésier, pas de ventre... pas de nichons !... n'y a plus d'place que pour la caresse de mon pied ! Milady à la manque !

Embrassez-vous, vagues humanités!
Le printemps c'est la trêve de Dieu!

Le premier qui fut bourgeois
Fut un ouvrier heureux.

Ah ! Ah ! Ah ! elle a des bottes,
Bottes, bottes, elle a des bottes,
Bottes, bottes, elle a des bottes d'asperges !

VILLÉGIATURE

—Madame, c'est l'épicier !

PAS LE SOU!

— Ne pleure pas, mon p'tit homme ! dans cinq ans je serai grande, et alors
tu achèteras tout ce que tu voudras !

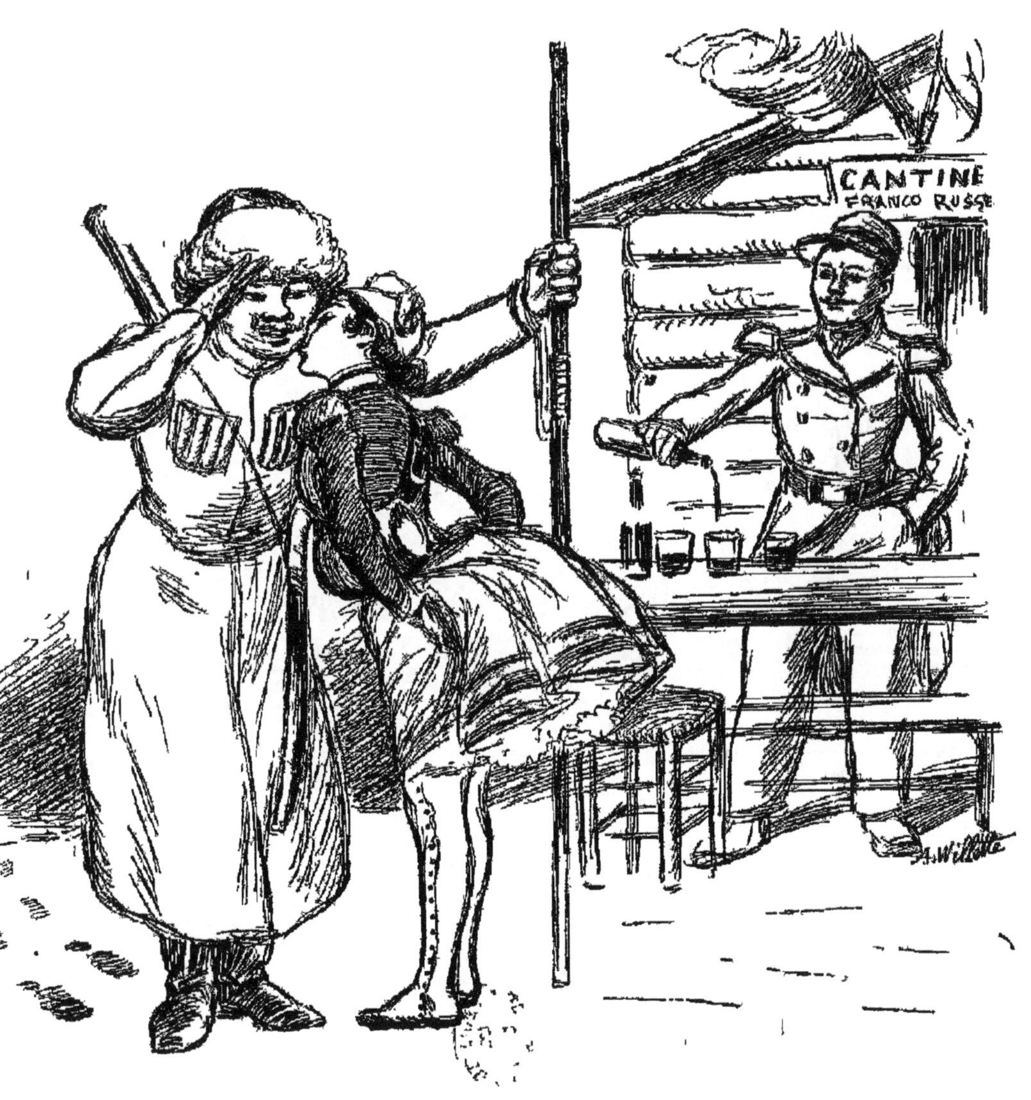

— Embrasse mon frère d'armes, Marianne, mais pas plus bas !

LA CHANSON.

— C'est p't'être ben pour nous, ces beaux épis !

Bergères attendant le Sauveur.

LE CHEF DE CLAQUE EN RETRAITE

Depuis trente ans que j'fais la cuisine, c'est la première fois que j'entends gueuler un poisson.

GRÉGOIRE !

Prends ta vierge d'ivoire,
Nos messieurs sont partis
Pour chasser la perdrix.

— Voulez-vous bien vous sauver, les amoureux, vous allez abîmer ma neige!

..,.. Les Cosaques, les Cosaques !

La vieille Fille. — Pauvre amour ! Je ne puis te réchauffer, mon cœur est mort de froid !

— Moi, cha m'enrhume rien que de voir une bergère vendre sa dernière chemise par un froid pareil.

— Je voudrais que la société n'eut qu'une seule tête, pour la lui couper d'un
seul coup.

LA TOMBE DE PIERROT.

— Quand vous rencontrerez un ecclésiastique, touchez du fer, mais avec plus de discrétion que cette jeunesse.

Il lui a manqué une armée, pour être un héros.

... Et elle sera à vapeur, mon bourgeois !

— Une, deusse, troisse... Allons Madame!

— De grace, Monsieur, je veux bien vous donner jusqu'à ma chemise, mais ne me faites ni danser, ni chanter!

BROUILLARD DE TOUSSAINT.

— Vous aurez beau dire et beau faire, vous ne m'empêcherez pas d'avoir
la peau lisse au tradéridéra.

— Pleure, enfant Dieu, pleure... tu as trente-trois ans à vivre parmi les hommes !

— Quel dommage que ça soit encore des hommes !

LE CHEVALIER PRINTEMPS

L'ENFANT MARTYR

— Ton martyre, petit Pierre, ne faisait que commencer... Vois ce qui t'attendait dans la vie! Grégoire partout, Grégoire tout le temps!

Il pleut, il pleut, Bergère !...

— ... Vais-je poser pour le Vice ou pour la Vertu ?

- Eh bien ! Théodore, vous ne cueillez pas la fraise ?
— Le printemps est Russe, j'ai le nez gelé.

L'Impératrice Eugénie interviewée. — L'Empire est mort avec mon fils.

L'ombre de la Garde impériale. — Vous faites erreur, Majesté!... l'Empire est mort à Sedan avec 400,000 braves comme moi.

— Eh bougri ! Laiche-moi t'aimer, je te couvrirai de charbon !

Tu as raison, fils de Cham ! tue les explorateurs — on est sans pitié
pour les vagabonds chez nous !

— N'y a de la place, ici, que pour quarante siècles ; va te percher sur la Tour Eiffel.

— N'y a de la place, ici, que pour quarante siècles ; va te percher sur la
Tour Eiffel.

CORBEIL. Imprimerie Ed.-Crété.